VIDA E PAIXÃO DE PANDONAR, O CRUEL

João Ubaldo Ribeiro

Vida e Paixão de Pandonar, o cruel

ilustrações
Mariana Newlands

Objetiva

[2009]

Editora Objetiva Ltda.
Rua Cosme Velho, 103
Rio de Janeiro — RJ — CEP: 22241-090
Tel.: (21) 2199-7824 — Fax: (21) 2199-7825
www.objetiva.com.br

PROJETO GRÁFICO E CAPA
Mariana Newlands

REVISÃO
Rita Godoy

DIAGRAMAÇÃO
Trio Studio

Catalogação na fonte

SINDICATO NACIONAL DOS EDITORES DE LIVROS, RJ
R369v

Ribeiro, João Ubaldo
Vida e paixão de Pandonar, o cruel / João Ubaldo Ribeiro ; ilustrações Mariana Newlands.
- Rio de Janeiro : Objetiva, 2010.

63p. : il. ISBN 978-85-7302-921-5

1. Literatura infantojuvenil brasileira. I. Ribeiro, João Ubaldo.
II. Título.

08-3953. CDD: 028.5
CDU: 087.5

Para Emília e Manuela

Sumário

IS BELIS
ANDS TRYSTES AMORIS
DEL PANDONAR

Se eu fosse invisível, pensou Geraldo, eu voava para a casa dela na hora do almoço e ia para qualquer lugar aonde ela fosse. Sentiu um arrepio, pensando no que poderia acontecer, nas coisas que poderiam ser vistas e sentidas. Entretanto, desta vez não ficou vermelho, já que não sentiu as orelhas esquentando. Ora, pensou com força, para isso temos a Disciplina do Autocontrole e o Poder Férreo da Vontade Magnética, como li no Almanaque do Pensamento de meu pai. Se um homem passa duas horas por dia diante de um ponto preto na parede, fitando esse ponto preto sem tirar os olhos, depois de uns três meses esse homem pode dominar o mundo através do olhar e do pensamento. O mundo todo, inclusive orelhas vermelhas. Basta olhar no espelho e concentrar-se: orelhas, ao normal! E as orelhas param de esquentar. Preciso voltar a praticar o ponto preto, pensou Geraldo, porque somente a persistência faz o verdadeiro mago.

Para ser invisível, bastava ter, por exemplo, um anel que se girasse no dedo e se comandasse: "Anel, anel, de Xerxes e Artaxerxes, anel dos poderosos deuses das montanhas, anel dos antepassados das montanhas Nibelungue, São Cipriano das Treze Mágicas, forças do Bem — a mim, a mim, Pandonar, espírito dos ares!" Ou qualquer coisa parecida, pensou Geraldo, anotando a decisão de, em casa, procurar fazer uma boa frase cabalística para essas questões de invisibilidade. Toda

vez então que rodasse o anel — quando conseguisse o anel, é claro —, poderia voar pelos ares, entrar pelas frestas de portas e janelas e exercer grande domínio sobre tudo.

O problema de ter de falar ou não as palavras mágicas sempre incomodava um pouco. Pois, afinal, caindo na armadilha montada pelos seus traiçoeiros inimigos, Pandonar podia estar amordaçado, sem condição de falar. Mas estes e outros detalhes não deviam atrapalhar, inclusive porque a aula estava para acabar e Cícero, muito exaltado, não parava de gritar nomes de reis persas, como Xerxes e Artaxerxes. Vou tirar Xerxes e Artaxerxes de minhas palavras mágicas, resolveu Geraldo.

— E Ciro, rei dos persas — berrou Cícero, com as veias do pescoço inchadas, o rosto vermelho e os olhos fechados, em busca da palavra exata —, Ciro, rei dos persas, sabedor do temor e da veneração dos egípcios pelos cães e pelos gatos, marchou contra o faraó à frente de um exército de cães e gatos! E, assim, atordoados pela horda de animais e avassalados pelo gênio militar de Ciro, esse aluno brilhante do grande Xenofonte, os egípcios morderam o pó da derrota!

— Professor — perguntou Fernandinho, que sempre fazia perguntas com as sobrancelhas franzidas e o ar de quem podia começar a chorar a qualquer momento —, antigamente as pessoas que perdiam a guerra eram obrigadas a morder pó? Era obrigatório? Como é que se morde pó?

Cícero parou exatamente na hora em que ia começar a descrever os destroços egípcios e já estava com o braço meio estendido, a mão em concha e o rosto iluminado de quem havia encontrado precisamente o que dizer. Portanto, não gostou da interrupção. Parou a meio caminho, resfolegando e quase jogando o bigodão para trás como se joga uma mecha de cabelo da testa. Voltou-se para Fernandinho num giro de corpo dramático, as abas do paletó ainda borboletando, o fôlego mal recuperado, os olhos acesos pela eloquência histérica, e rugiu:

— Senhor Fernando Borba! Senhor Fernando Borba!

— Sim, senhor — disse Fernandinho, com uma cara de choro quase completa.

— Eu empreguei uma metáfora — trombeteou Cícero. — Uma metáfora! Morder o pó da derrota é uma metáfora! Alguém aqui sabe o que é metáfora?

— Figura-de-retórica-na-qual-uma-palavra-ou-expressão-é-substituída-por-outra-em-virtude-de-relação-de-semelhança-subentendida — metralhou Fernandinho, com algumas gotas de suor aparecendo na testa e uma visível falta de fôlego.

— Muito bem. E o que é a figura de retórica?

— Isso não decorei — respondeu Fernandinho nervosíssimo. — Só decorei metáfora.

— Dê um exemplo de metáfora! — gritou Cícero, fuzilando as sobrancelhas em direção a Fernandinho.

— Os egípcios morderam o pó da derrota — disse Fernandinho. — Não é, não?

Cícero cruzou os braços sobre o peito, empinou o queixo e passou a encarar Fernandinho por um tempo muito mais longo do que qualquer pessoa esperaria. Fernandinho se mexeu na carteira, fez pluc-pluc prendendo e soltando o lábio inferior, soprou um pouco, tentou sorrir, olhou para todos os lados e, finalmente, ficou desenhando no caderno alguma coisa inexistente. Geraldo, que estava do outro lado, endereçou um olhar magnético em direção à barriga de Cícero, cujos cabelinhos saltavam estufados, no lugar em que faltava um botão. Se eu dirigir minha força para a barriga dele, ele vai ficar com dor de barriga, pode ser até que dê um vexame, pensou Geraldo, concentrando-se e repetindo mentalmente as palavras do livro *O Poder do Magnetismo Pessoal*: sob meu poder, sob meu poder, você está sob meu poder!

— Seu Geraldo! — prorrompeu Cícero repentinamente, abalando as colunas velhas da sala de aula. — Senhor Geraldo Martins da Conceição!

— Hein? — respondeu Geraldo, aborrecido porque o olhar magnético ainda não tinha tido tempo de fazer efeito.

— "Hein", não. "Como." "Hein" é falta de educação. A pessoa educada pergunta "como".

— Como? — perguntou Geraldo.

— Muito bem — disse Cícero. — O senhor me faça o favor de dar um exemplo de metáfora.

— Os persas espanaram o pó da vitória — disse Geraldo e, imediatamente, percebeu que não devia ter dito aquilo.

— Fora! — gritou Cícero. — Ao diretor! Debochado! Indisciplinado!

E assim, pela primeira vez, ele saiu da sala expulso, para enfrentar o velho Terêncio na diretoria. Talvez tenha tudo começado naquela hora. Porque, levantando-se para sair e procurando evitar o olhar ofegante e belicoso de Cícero, não conseguiu fazer outra coisa se não atrapalhar-se com a pasta e os cadernos e fingir que encarava tudo com a maior naturalidade. Então, em meio ao grande silêncio, somente interrompido pelas fungadas de Fernandinho, que escrevia furiosamente metáfora-metáfora-metáfora-metáfora no caderno e certamente daria a alma só para não estar envolvido em nada daquilo, ele olhou para trás e, do lado das meninas, bem no alto dos degraus em que as cadeiras da sala eram colocadas, ela estava olhando para ele. As outras não estavam, porque todo mundo procura disfarçar, numa hora destas, mas ela o olhava fixamente e, nesse olhar, havia alguma coisa diferente. Geraldo estava acostumado a não trocar olhares com as meninas, a vê-las de uma forma diversa da que via as outras pessoas em sua convivência, pois, afinal, meninas, meninas, o que são meninas? Mas ela, que também tinha quatorze anos, parecia muito mais velha, parecia uma artista de cinema — oh meu Deus, o que foi que aconteceu? Oh meu Deus, ela era loura e linda conversava com outros que não ele, pois ele não sabia conversar nem achava que os outros e as outras se interessariam pelas coisas que ele e os amigos viviam fazendo, como inventar uma língua secreta, uns códigos de comunicação, como fazer pesquisas científicas e como caçar calangos com uma espingarda de ar comprimido. Oh meu Deus, ela era um mistério distante. Ela deve estar me achando bonito, pensou ele, que diabo será que ela está pensando. Mas não era possível que não fosse visível a todos o que estava acontecendo. Maria Helena, lá de cima, estava olhando para ele, enquanto ele se levantava para sair da sala como Cícero mandara. Será que é possível que ninguém esteja notando? E então, fazendo as mesmas expressões que os colegas que costumavam ser expulsos e estavam habituados, procurando agir como se não houvesse tantas coisas desconhecidas neste mundo, ele pegou a pasta e marchou para a porta. Na saída, não soube por que, resolveu estender a mão para Cícero, que ficou muito embaraçado, mas terminou por apertá-la. É verdade que tropeçou levemente na soleira, antes de sair, mas não caiu e revelou equilíbrio, depois de uns quatro passos atropelados. Ninguém riu do tropeço, a não ser ela — um riso leve, sem mostrar os dentes, uma coisa tão íntima que só podia significar a existência de algo secreto entre os dois. Geraldo sentiu um pouco de falta de ar. Pensou em sorrir para ela, mas não conseguiu e somente encompridou o olhar, mais tempo do que jamais havia olhado para qualquer outra menina. E sentiu tantas coisas que nunca havia sentido, achou tudo uma novidade, a começar pelos degraus antigos da escada descida todos os dias, à saída das aulas. Achou tudo diferentíssimo. Não era mais o mesmo, quando, batendo os pés com força, erguendo o peito e, se encontrando quase tonto, cumpriu a expulsão e foi para o gabinete do diretor. Talvez devesse retroceder um pouco escada acima e olhar para ela de novo. Teria feito boa figura? É claro que fez. E não podia, agora parado brevemente no meio da escada, deixar de sentir uma ansiedade, uma sensação de desconhecido, um desamparo, uma vontade de chegar ao diretor e falar com ele de homem para homem, não sobre essas coisas de escola, mas sobre estas coisas da vida. Não era necessário, porém, fazer tudo isso. Porque agora poderia conversar com ela, que entenderia tudo muito rapidamente e seriam sócios, amigos e namorados. Ela tinha ficado na sala e ele tinha sido expulso. Mas não estavam separados. Porque ela era dele e ele era dela, e toda a classe ficara iluminada com o que acontecera. Geraldo não sabia direito o que estava acontecendo, mas bateu na porta da diretoria, falou com dona Hilda e entrou, para sentar-se, com estranha tranquilidade, no banco dos faltosos, onde já se encontrava Quincas, repetente da quarta série.

— Tudo bem, Quincas? — perguntou, ao sentar-se com a maior naturalidade, como se nunca houvesse feito outra coisa na vida.

— Anotação no boletim — respondeu Quincas. — Que é que você fez?

— Não sei, não sei — disse Geraldo, embora soubesse.

E então, quase como se aquela sala não fosse aquela sala, quase

como se estivesse num foguete de Flash Gordon, quase como se não houvesse mais nada de importante neste mundo, suspirou, encostou-se no respaldar do banco e viu que o mundo todo tinha nova claridade. Estava perdidamente apaixonado.

SOLARIUS, ESPACIARIUS ANDS CAMPEONATIS DEL PANDONAR

— ROQUETÃO — DISSE GERALDO, DEPOIS DE LONGA HESITAÇÃO, ENQUANTO esperavam o bonde. — Você vai estar em casa hoje de tarde?

— Vou, mas das duas às quatro estou estudando radiotécnica e montando meu transmissor — disse Roquetão.

— E das quatro em diante?

— Das quatro em diante eu não estou fazendo nada.

— Ótimo, é porque eu tenho um assunto muito importante para lhe falar.

— Eu não quero saber mais daquela língua que você inventou, eu acho muito chato esse negócio de língua nova, ainda mais que você toda hora fica mudando as regras e ninguém entende nada: pareces que bastes faláris assins. E isso todo mundo entende e depois você complica, querendo botar ordem inversa, botar declinações. Veja bem, eu não suporto latim, veja bem!

— Roquetão, nós fizemos um pacto de sangue, somos amigos até a morte.

— Sim, mas isso tem quase dois anos, era todo mundo menino.

— Mas eu não quero dizer isso. Eu quero dizer que sou seu amigo e então não ia ficar insistindo para você aprender o Voldegrado, que, aliás, eu aperfeiçoei.

— Outra coisa que eu acho cretina é esse nome Voldegrado que você arranjou, parece nome de cidade russa. E só quem fala é você. Que graça tem uma língua que só quem fala é você?

— Você não fala porque não quer.

— Porque não quero, porque não quero. Exatamente. Porque não quero.

— Você é um cientista. Então você...

— Eu não sou cientista, pare de me chamar de cientista. Não gosto desse negócio de todo mundo me chamar de cientista.

— É porque eles dizem "cientista louco". Mas eu só digo "cientista".

— Viu você, viu você? Viu você?

— Roquetão, pelo amor de Deus, não fique nervoso. Eu não quero falar com você sobre o Voldegrado. Eu...

— Você inventou outra?

— Não, eu não estou mais inventando línguas e alfabetos. Só estou me dedicando a códigos. Eu estudei Edgard Allan Poe, aquele que nós lemos, do escaravelho de ouro, e então hoje eu tenho um código indecifrável.

— Eu escrevi um romance, dois cadernos cheios, sobre uma múmia e um escaravelho. Essa múmia era a múmia de Tihentanóps. O escaravelho se chamava Rafael Brunilomacowsky e era um escaravelho inglês, que tinha chegado com uma expedição e então o pirata Marmaduke Godforsaken...

— A gente pode escrever "Pandonar contra Tihentanóps" e também botar o escaravelho. E esse nome Marmaduke quem botou fui eu, quando escrevi "Pandonar, o Cruel, Invade a Irlanda", naquele caderno amarelo que está em sua casa, inclusive eu pesquisei os nomes irlandeses na enciclopédia, me lembro que esse Marmaduke, quando chegava o fim do livro, Pandonar cortava a cabeça dele e mandava dar tudo aos cães e porcos. Eu me lembro disso. Você disse que não gostava de carne de porco.

— Nem de carne de porco nem de Pandonar.

— Mas você disse que queria ser Pandonar, se fosse para ser com uma armadura, para chegar assim defronte do castelo e derrubar tudo.

— Eu disse que queria andar de armadura, mas não disse que queria ser Pandonar. Mas eu queria uma armadura diferente, não era dessas armaduras da Idade Média. Você sabe que qualquer bala, talvez até ar comprimido, passava por ali?

— Pandonar é invunerável. Geralmente.

— Geraldo, Pandonar já foi até jogador de futebol!

— Não, isso sou eu. Não. Isso sou eu.

— Não. É Pandonar. Você me contou que Pandonar jogava no Vasco e, antes de entrar em campo, todo mundo zombava dele. Você até escreveu: "recebia apupos", você se lembra. Sim, ele recebia apupos porque tinha vindo do interior e ninguém sabia nada dele e a mãe e o pai dele achavam que só o irmão mais novo dele sabia jogar futebol e então Pandonar ficava no banco dos reservas, mas se machucavam uns três e aí ele entrava e todo mundo vaiava. Inclusive, na primeira que Pandonar pegou, errou o pé e caiu e aí a bola saiu pelo lado do campo e então Pandonar chorou e rezou para Nossa Senhora Madrinha e então, assim que a bola chegou junto dele outra vez, ele deu um chute da linha média que a bola furou a rede. Depois, Pandonar fez mais vinte e três gols e, inclusive, houve uma vez que ele driblou todos os jogadores do outro time um por um e todos caíram no chão. Foi ou não foi? E, no fim do romance, o time do Vasco não era mais nem o time do Vasco, era o time do Brasil contra a Hungria, e você me disse que se distraiu. E você até pulos de dez metros dava e fazia um gol de cabeça.

— Eu não. Pandonar.

— Mas você disse que o futebol era com você mesmo, você disse que não era com Pandonar.

— Mas era, mas era. O romance é sobre Pandonar. Mas eu não quero saber mais disso, eu não vou escrever mais. Eu preciso conversar com você de homem para homem, preciso pedir uma opinião. Posso lhe pedir uma opinião?

— Não me esqueço daquela vez em que Pandonar foi ao Sol. Eu expliquei a você que não existe matéria capaz de permanecer sólida ou líquida na temperatura do Sol, que é tudo gás, mas você inventou uns capacetes de estroncionita e umas capas de rentz-HX3. Eu já disse a você mais de uma vez. Não adianta inventar demais nessas histórias. Tem que ficar dentro da realidade. O que é rentz-HX3?

— Você deixa eu falar?

— Sim, diga o que é rentz-HX3. Mas não venha com essa conversa de que é um elemento descoberto em outro planeta, não sei o quê. Eu quero saber o que é, ali no duro da bolacha, ali.

— Mas eu não quero falar do rentz! E quem é você para criticar? Você quis fazer nitroglicerina em casa e só não fez porque não sabia quanto de ácido sulfúrico botava e então foi perguntar ao velho Moraes e o velho Moraes lhe disse que, na hora de misturar tudo na tigela, ia explodir a casa toda pelos ares.

— Ah, não, isso não. Eu sabia. Eu sabia que ia explodir tudo pelos ares. Foi por isso que eu não fiz, porque depois achei que não era bom explodir tudo pelos ares.

— Mentira sua, rapaz, mentira sua! Eu me lembro que você ia fazer a nitroglicerina e até eu ia ajudar, eu me lembro!

— Sim, mas nitroglicerina é nitroglicerina, não é rentz-HX3. O que é rentz-HX3?

— Roquetão, eu não quero falar do rentz! Você é maluco, você fica lembrando essas coisas, fica falando os mesmos negócios o tempo todo...

— Eu sou maluco! Viu você? Eu sou maluco! Você vive dizendo que eu sou maluco! Eu não sou maluco! Você é que é maluco! Eu sou maluco por quê?

— Você come trancado, escondido de todo mundo.

— E você? Você só fica pensando em códigos, em escrever com limão para a tinta ficar invisível, em fazer línguas novas e em falar em Pandonar! Pandonar, Pandonar... quem é Pandonar? Pandonar não existe? Então o maluco sou eu?

— Todo mundo acha você maluco.

— Mas eu não sou!

— Mas eu não quero dizer maluco, maluco. Não é maluco nesse sentido, é outro tipo de maluco. É porque você não deixa ninguém falar, você fica falando o tempo todo em outras coisas.

— Você disse ou não disse que ia tirar o Prêmio Nobel com dezesseis anos, você disse ou não disse?

— Não fui eu, era Pandonar. Pandonar foi que eu pensei assim, chegando e tirando uma equação de uns trinta quadros-negros e ganhando o Prêmio Nobel. E o inspetor Desquatrevingts? E a fenolptelaolemina?

— Fenolptamelina.

— Pois é, que você me disse que era uma coisa que causava uma doença de pele horrível, você me disse. E depois eu soube que era tudo inventado.

— Sim, mas era dentro da realidade! Quer dizer, podia ser inventado. Não era essa maluquice de rentz-HX3, que não pode existir!

— E o inspetor Desquatrevingts?

— Melhor do que Pandonar. Pelo menos não anda vestido de rentz--HX3, não ganha todas as modalidades das Olimpíadas, nem vive em todas as épocas. E dentro da realidade. Ele vive na Bélgica, durante a Primeira Guerra.

— Viu você que você é maluco? Ninguém vive na Primeira Guerra. Todo mundo já viveu na Primeira Guerra. Todo mundo que tinha de viver na Primeira Guerra já viveu na Primeira Guerra.

— Eu não vou falar Voldegrado, não vou fazer código, não vou estragar uma caneta-tinteiro enchendo o tanque de suco de limão, não vou fazer nada dessas coisas.

— Mas eu quero falar, você deixa que eu fale?

— Eu não sou maluco.

— Você conhece Maria Helena?

— Que Maria Helena? Maria Helena lá da sala?

— Maria Helena, Maria Helena! Maria Helena, a loura de cabelo curto, uma que joga vôlei. Ela não joga vôlei?

— Qual é ela? Uma que joga vôlei. Maria Helena, aquela mesma lá da sala?

— Lá da sala, lá da sala!

— Conheço.

— Conheço como?

— Ora, conheço. Lá da sala. Todo dia a gente não vai para a mesma sala?

— Sim, mas você conhece? Você já conversou com ela?

— Já conversei umas duas vezes.

— Ah, você conversou. Eu também já conversei.

— Quando você já conversou?

— Ah, não me lembro. Já conversei, assim, sabe como é, conversando, assim, uma conversa ligeira. Acho que ela quer namorar comigo.

— Ela quer namorar com você? Ela disse?

— Ela não disse assim. Mulher não diz essas coisas assim.

— Então como é que você sabe que ela quer namorar com você?

— Ora, pelo jeito. Você não acha que ela quer?

— Ela nunca me disse nada. Nem ela nem ninguém.

— Ora, eu sei. Eu falo assim pelo jeito. Pelo jeito, ela não lhe dá essa impressão?

— Que impressão?

— A impressão de que quer namorar comigo, ora! É claro que ela dá essa impressão. Ela não lhe dá essa impressão?

— Não.

— Você viu quando Cícero me botou para fora da aula de História Geral?

— Vi. Mas ela não falou nada. E Cícero também já me botou para fora e nunca vi nada.

— Mas não é com você, é comigo! Na hora da saída, ela estava olhando para mim.

— Todo mundo estava.

— Não, não era assim dessa maneira. Ela estava olhando diferente.

— Bem, não reparei.

— Mas você não acha que ela dá a impressão de que quer namorar comigo? Assim no jeito, na maneira de olhar...

— Não.

— Você nunca reparou.

— Ela não namora com Renato?

— Que Renato, o que joga vôlei? Não, que nada. Não. Que Renato, aquele que fica na Associação Atlética, aquele grande que é repetente quatro vezes? Não, que nada. Não. Ela não suporta esse tipo de homem. Que Renato? Renatão? Aquele Renato que às vezes anda de barba crescida?

— Renato, Renato. Só tem um Renato lá.

— Ela namora com Renato? Não! Renato namora com Solange, todo mundo sabe. Todo mundo sabe que Solange espera Renato na saída do colégio, todo mundo sabe.

— Mas ele sai com Maria Helena.

— Roquetão, não sei nem por que estou falando com você. Você parece que é cego, não enxerga nada que acontece no colégio. Eu estou perguntando sobre Maria Helena, Maria Helena.

— Pois é, todo mundo fala que é namorada de Renato.

— Nunca ouvi falar que ela é namorada de Renato.

— Está certo, então todo mundo fala que ela quer ser namorada do Renato.

— Ah, isso pode ser porque esses camaradas sempre ficam falando o que não entendem. As coisas são claras. Você não nota como Maria Helena

quer namorar comigo? Não, não, você aqui, uma coisa de amigos, eu não vou espalhar, você não acha?

— Eu não.

— Roquetão, aliás eu não quero conversar nada dessas coisas com você, porque isso eu sei, pelo jeito que ela me olha. Eu preciso é de uma orientação. Eu queria falar com você porque você já namorou. Eu precisava dumas indicações.

— Eu nunca namorei.

— Você namorou com Márcia, você mesmo me disse, e você já vai fazer quinze anos e seu pai deixa você raspar o bigode.

— Eu raspo o bigode e aqui embaixo do queixo. Dia sim, dia não, senão cresce.

— Bom, barba eu não tenho, mas podia raspar o bigode, só que meu pai não deixa. Mas eu não quero falar no bigode! Eu quero que você diga... e não diga a ninguém que eu lhe perguntei, você promete que não diz a ninguém?

— Que não diz o quê?

— Isto que eu vou lhe perguntar.

— Ah, depende, eu não sei o que você vai me perguntar.

— Roquetão, pelo amor de Deus, não seja chato, eu estou precisando de ajuda.

— Estou sem dinheiro.

— Não, sério mesmo, sério mesmo. Eu estou me sentindo mal. Quer dizer, não é mal mesmo, mas é porque eu sei que Maria Helena quer namorar comigo e eu não sei como é que faço. Você namorou com Márcia, não foi? Como foi que você fez?

— Eu não fiz nada, eu não namorei com Márcia. Tudo isso foi ela quem inventou. Você acha que eu ia namorar com Márcia, toda cabeluda nos braços e gordona e com um sinal preto junto da boca?

— Não, não brinque, você namorou. Eu me lembro que você todo dia ia tomar sorvete com ela.

— Ela pagava. Ela me chamava para tomar sorvete. Eu dizia: não tenho dinheiro. Ela dizia: eu pago. Aí eu ia.

— Mas ela chegou a falar assim: nós estamos namorando, você é meu namorado, coisa e tal?

— Não, ela falava para todo mundo, mas para mim ela não falava. Ela perguntava se eu gostava dela.

— E o que é que você dizia?

— Eu dizia que às vezes gostava, às vezes não gostava. Eu não minto, não sou como você.

— E como foi que acabou?

— Acabou eu dizendo que estava enjoado de sorvete e, depois, quando ela telefonou, eu disse que estava pensando em estudar para frade.

— Você disse que não mentia.

— E não menti. Eu estava pensando em estudar para frade. Não estava querendo, estava pensando. Eu não minto. Preste atenção.

— E você fez alguma coisa com ela?

— Fez alguma coisa como? Ah, alguma coisa. Sim, alguma coisa. Não, não fiz nada. Alguma coisa como?

— Assim, um beijo na boca... Você deu abraço?

— Não, ela que me deu. Quando teve a festa na casa de Romero e eu fui chegando, ela veio me abraçar. E aí me abraçou. Me abraçou mesmo, rapaz.

— E aí, e aí?

— Aí nada. Eu fiquei sem graça. Eu olhei para ela assim, olhe: assim, sem dar risada nem ficar sério, eu não acertei a cara que devia fazer. Aí fiquei sem graça e aí dei um empurrãozinho nela para o lado e aí fui ficar perto da mesa de pingue-pongue e aí passei a noite toda jogando pingue-pongue com Adeodato, mas perdi todas, porque ela ficava de junto, torcendo. E aí eu errava tudo.

— Mas quer dizer que ela te abraçou? Mas abraçou mesmo? Você acha que Maria Helena... não, Maria Helena não, ela nunca abraçou ninguém.

— Renatão pode ser.

— Rapaz, que besteira, que negócio é esse de Renatão, que mania de Renatão. Eu nem sei por que estou perguntando a você essas coisas, você não entende nada disso.

— Claro que eu entendo. Eu não namorei com Márcia porque não quis. Mas Ana Clara...

— Ana Clara da terceira série? Ana Clara de olhos verdes? Mentira sua, Roquetão, mentira sua!

— Eu não minto!

— Mas Ana Clara... como é que eu nunca soube de nada?

— Eu não disse que namorei com Ana Clara. Agora, eu fiz tudo direito. Quase tudo. Mas também ela não ajudou.

— O que foi que você fez? O que foi que você fez?

— Eu pedi a Lula para perguntar a ela se ela queria namorar comigo.

— E Lula foi?

— Foi. Eu dei a ele minha bússola e escrevi a composição da aula de português, por sinal ele tirou oito. Mas ele foi, e eu fiquei olhando. Ele falou pela grade do recreio e eu vi que ela fez que sim com a cabeça. Isso eu vi. Então ele voltou e disse que ela queria.

— Aí você foi, você foi?

— Não. Aí eu já estava sabendo que ela queria, mas não sabia como era e aí pedi a Lula para perguntar a ela como era que era. Lula quis que eu pagasse um pastel e uma coca-cola para ele todos os dias, durante uma semana. Você gosta de Lula? Eu não gosto. Ele come o tempo todo, você já reparou? Mas eu paguei logo um pastel e ele se contentou e foi lá e perguntou a ela e ela ficou chateada. Lula chegou lá e disse: ele está ciente, agora como é?

— E por que ela ficou chateada?

— Ah, não sei. Só sei que ficou, mas eu falei com Flávio, que já está na quarta série há quase tanto tempo quanto Quincas e que me deve todos os exercícios de matemática desde abril e até hoje não pagou e Flávio me disse que eu mandasse dizer a ela palavras doces.

— Como é palavras doces?

— Não sei direito. Flávio eu acho que é muito burro. Ele disse que eu fosse logo direto para a grade, chamasse Ana Clara e dissesse: olhe, vamos resolver logo tudo, encontro você na porta. Aí eu achei que ele tinha razão.

— E você foi falar com ela?

— Não, eu pedi a Lula para ir falar. Eu disse: seu Lula, está certo: um pastel e uma coca-cola, descontando os de ontem, durante uma semana. Ele disse: sem desconto. E eu disse: tudo bem. Eu disse: Lula, você vai lá e diz a ela que eu disse que já não penso mais em nada neste mundo e...

— Como é?

— Já não penso em mais nada neste mundo desde o dia em que te vi. São palavras doces, mas que eu inventei porque Flávio mandou que eu dissesse "meu anjo, por que não voa até aqui" e eu fiquei com vergonha de mandar Lula dizer isso. Sim, mas eu disse: Lula, você diga a ela que já não penso mais nada neste mundo e que encontro com ela na saída, no portão do lado direito.

— E ela foi?

— Foi.

— E como foi que ela falou?

— Ah, ela não falou nada. Porque eu estava andando de um lado para o outro, esperando ela sair, e ela aí saiu com Corina. E Corina segurou os livros no colo, deu uma olhada para mim e foi embora e ela ficou, passou a mão no cabelo e olhou para mim e abraçou os livros dela. Aí eu fiquei nervoso e quase passo o tempo todo conversando com Corina, que ficou assim zanzando de um lado para o outro na minha frente, como quem queria pegar o bonde logo, logo. Aí não tive jeito, fui para Ana Clara.

— E o que é que você fez?

— Nada. Mas ela não ajudou. Eu fui andando para ela, passei e disse: como vai, como está? Ela disse: bem. Aí eu não acertei a parar e fui até o oitizeiro, parei, voltei e passei por ela de novo: como vai, como está? Ela disse: bem. Aí eu andei quase até o ponto do bonde e voltei e passei por ela e disse: como vai, como está? Bem, disse ela. E aí, depois que eu passei umas dez vezes, eu parei e disse: está um calor, não está, eu vou andando para casa, você quer ir andando? Eu moro em Amaralina, disse ela, e eu disse, sim, sim, eu moro na Barra, aqui pertinho, até logo, eu disse, como está, estou bem, até amanhã, até amanhã. E aí eu saí pela ladeira da Barra abaixo e até hoje não falo com ela, toda vez que ela aparece eu olho para o outro lado.

— E ela olha para você?

— Eu não sei. Eu não olho para ela.

— E ela falou alguma coisa com outra pessoa?

— Ela disse a Maria da Graça que eu quis fazer ela de boba. Eu disse a Maria da Graça que dissesse a ela que deixasse de ser boba, mas ela mandou dizer que eu deixasse de ser bobo. Eu acho que, hoje em dia, a gente não se dá. Mas tenho certeza de que um dia vou casar com ela.

— Como é que você tem certeza?

— Eu tenho certeza! Eu vou escrever uma carta a ela.

— Ah, você vai escrever uma carta? O que é que você vai dizer na carta?

— Eu tenho umas frases. Tem uma parte que diz: "A voz emudece diante de tua beleza: fala aquele que só pensa em ti. Por que levar em conta os desencontros da vida?"

— Você não tem vergonha de dizer essas coisas assim, não? Quer dizer, não é bem vergonha, é um certo acanhamento. Não sei direito, eu tenho vergonha, você não?

— Tenho. O problema é a cara que a pessoa faz, na hora de falar. O problema todo é a cara.

— Roquetão, você acha que Maria Helena gosta de mim? — perguntou Geraldo, quando entravam no terceiro bonde que já passara pela porta do colégio.

— Não sei — disse Roquetão, com uma objetividade verdadeiramente insuportável. — Só perguntando a ela.

ET LACHRYMAS
ET INCOMPREHENSIONIS
ET GRÃS INFELICITATS
DEL PANDONAR

Talvez você

— Funda, muito funda, é a dor do homem que, mesmo tendo de enfrentar a natural ojeriza masculina às lágrimas, sucumbe diante da adversidade e dos rudes golpes do destino, curva a cabeça e chora! — leu Geraldo, no livro *Pérolas do Bom Pensar*, que ele tinha achado há muito tempo na biblioteca do pai e costumava consultar, abrindo em qualquer página ao acaso. Nem sempre dava certo, como no dia em que ele leu que o "homem silencioso impõe sua força" e passou quase uma semana sem falar praticamente nada e tudo o que conseguiu foi que a mãe achasse que ele estava com vermes e lhe quisesse dar um purgante. Entre as lágrimas que lhe turvavam os olhos, Geraldo sorriu estoicamente, lembrando a mania que a mãe tinha de atribuir tudo a vermes e lombrigas. Mas não sorriu com o rosto todo, apenas entreabriu os lados da boca com melancolia, exatamente como tinha visto Robert Taylor fazer, quando voltou da guerra e encontrou a mulher casada com outro. Assim, na ponte, no meio da neblina, o braço estendido, a mão crispada no balaústre, close em Pandonar. Com a manga esquerda — agora vazia, depois que seu braço fora amputado na batalha das Ardenas, quando ele sozinho enfrentou todo um batalhão de tanques tigres alemães — dobrada discretamente sobre o peito, perto de um verdadeiro painel de condecorações, ele olhava, dando aquele meio sorriso, sua ex-mulher, em companhia da filhinha, que ele deixara com três meses, e do novo marido. Depois da batalha em que perdera o braço, Pandonar tinha aceito ser dado como morto, para desempenhar uma missão secreta de espionagem contra os nazistas. Agora, finalmente liberado, preferia continuar no anonimato, para não perturbar a vida de seus entes queridos. E, enquanto uma música muito triste reverberava por todo o horizonte, Pandonar virou as costas e desapareceu na bruma, e Geraldo começou a ter outra crise de choro.

Talvez fosse mais por causa da música, que dizia: "Maria Helena és tu a minha inspiração", e, toda vez que Chico Alves falava Maria Helena, dava um nó na garganta fortíssimo. Geraldo olhou outra vez o livro: funda, muito funda, é a dor do homem que chora.

Sim, pensou ele, muito funda e, enquanto Chico Alves interrompia o canto para o solo de piano e cordas, ele compreendeu que estava absolutamente infeliz. Como fazia sentido o desespero! Se eu morresse amanhã de manhã, pensou Geraldo, lembrando a voz melancólica de uma mulher que cantava esta música, minha falta ninguém sentiria. Aí, suspirou Geraldo, rolando na poltrona e pensando vagamente em rezar: do que eu fui, do que fiz, ninguém se lembraria!

Mas é claro que se lembrariam, se ele, por exemplo, jogasse vôlei também, porque as meninas que jogavam vôlei, como Maria Helena, certamente apreciavam os talentos dos voleibolistas masculinos. Como Renatão, aliás, e Geraldo teve uma inveja imensa de Renatão e se achou mais infeliz ainda e o queixo tremeu novamente. Tantas vezes, nestes últimos dias, Pandonar tinha entrado na quadra e, numa saraivada deslumbrante de cortadas, eliminara todos os times adversários, inclusive a seleção americana. Mesmo porque, em inglês perfeito, que tinha provocado o pasmo e a admiração geral de toda a plateia, Pandonar reagira a uma provocação ianque e dissera *whatch out men, take care, not take, I do bad things you! respect Brazil and our school! ball in play!* e então, enquanto um silêncio mortal se abatia sobre o ginásio, Pandonar deu uma cortada que um americano tentou bloquear, mas viu seus punhos deslocados pela violência do golpe e caiu estatelado no chão. Brasil, 25x0, 25x0, 25x0. Na saída do vestiário, depois de passar por todos os admiradores com um simples "estou cansado", quem seria aquele vulto delicado, meio encoberto pela sombra? Ainda usando seu macacão de jogadora, com um ar súplice nos olhos maravilhados, Maria Helena estendia a mão para ele. Eu quero você, dizia ela — e aí, aí, aí, aí, Geraldo teve outra crise de choro, pensando em como seria bom se ela soubesse como ele era tão gentil, simpático e inteligente, se ela soubesse como ele tinha futuro, o melhor futuro de toda a escola, o melhor futuro da cidade, o melhor futuro do Brasil e do mundo. Assim, saindo do ginásio e indo conversar, com a cabeça dela encostada em seu ombro. Geraldo botou a radiola na posição *repeat* e ficou ouvindo: Maria Helena és tu!

Entretanto, nada tinha dado certo. O primeiro bilhete foi feito com uma certa precipitação. Depois que Roquetão falou, Geraldo achou que a solução era simples. Bastava uma carta, bem-escrita e com sentimento. Então, enquanto David dava uma aula de latim para Fernandinho, que era o único que escutava, não porque gostasse de latim, mas porque tinha medo até de David, ele tirou uma página do caderno e escreveu com letras de imprensa, maiúsculas e minúsculas, orgulhando-se especialmente da proficiência com que fazia o a e o g:

> Talvez você não saiba logo quem é o autor deste bilhete. Mas eu sei que você sabe, porque os sentimentos aparecem. Ninguém pode ignorar os sentimentos, e muito menos dois seres que se amam. Você me ama? Eu te amo. Eu te quero tanto, minha querida, que sei que ninguém vai poder te querer tanto. E também sei, pelo seu olhar,

que nós seremos felizes um com o outro. Como ninguém viu este bilhete que deixei em sua carteira, ponha uma resposta debaixo do apagador no quadro-negro.
Um beijo do seu grande amor.

Talvez esse bilhete não tenha sido muito bom, porque, depois de olhar para um lado e para outro, no intervalo da aula de Geografia, ele levantou o apagador e não tinha nada embaixo dele. Como era possível? Mas não tinha e nunca teve, apesar de todos os bilhetes. Foi necessário consultar Roquetão, que estava junto da escada outra vez.

— Estou fazendo um ímã natural — explicou Roquetão, para esclarecer a razão por que tinha passado todos os intervalos batendo com o cabo de um canivete na ponta de uma barrinha de ferro, orientada na direção dos polos magnéticos terrestres. — Você não quer bater um pouco para mim? Tem que segurar o ferro nesta direção.

— Roquetão, é o seguinte: Você já mandou sua carta para Ana Clara?

— Que carta para Ana Clara?

— A carta, a carta! Você não disse que ia mandar uma carta para Ana Clara? Você não disse que ia casar com ela e que, com essa carta, você ia acertar tudo?

— Disse, disse. Mas não tive coragem.

— Você não teve coragem? Roquetão, você não teve coragem?

— Não, coragem eu tenho. Eu não tive coragem porque ela só vive falando que eu sou boboca, só vive dizendo a Maria da Graça que eu sou boboca, aí eu não tive coragem.

— Mas a carta! Você falou que a carta tinha grandes frases. Você disse que, com essas frases, a gente conquista qualquer mulher.

— Eu não disse isso.

— Disse, disse!

— Não disse! Eu não minto!

— Mas você disse!

— Não disse! Eu disse que tinha certeza de que ia casar com ela, foi isso que eu disse. E ainda tenho. Mas não vou fazer mais a carta. Carta não dá certo. E além disso, eu estou namorando com Maria da Graça.

— Maria da Graça? Você não me disse nada! Você está namorando com Maria da Graça? Você não me disse nada, nada! Você está namorando? E eu? E eu?

— Você, não sei. Eu estou. Maria da Graça disse que namora comigo só para mostrar a Ana Clara que tem gente que gosta de mim. Ela é minha amiga.

— Ela é sua amiga ou sua namorada?

— Ela é minha namorada porque é minha amiga. Você não entende dessas coisas, você nunca namorou.

— Nunca namorei? Todo ano, no veraneio, eu namoro. Todo ano, no veraneio!

— Mentira sua. Maria da Graça me disse que todo mundo sabe que você é besta. Ela me disse que todo mundo acha você o mais besta do colégio.

— Eu sou besta? Eu sou o melhor aluno da sala, depois de Edilberto.

— E de Jacira.

— Sim, e de Jacira. Mas em Português, História e Inglês eu sou melhor.

— Maria da Graça me disse que todo mundo acha você besta porque você fica mandando bilhetes para Maria Helena e depois pede que ela bote uma resposta debaixo do apagador e todo mundo vê você procurando embaixo do apagador.

— Alguém me viu olhando embaixo do apagador?

— Todo mundo sabe. Inclusive, você escreveu um bilhete dizendo assim: escolha entre estes o nome do que você acha que sou: Fernando, Robério, Lula, Roque, Quincas, Aristides, Geraldo. Só podia ser você. Inclusive, você botou seu nome com as letras um pouquinho maiores.

— Mas foi tudo em letra de imprensa!

— E só você sabe fazer aquele g também. Todo mundo conhece aquele g.

— E quem mostrou os bilhetes a todo mundo?

— Maria Helena. Se é ela quem recebe, só podia ser ela quem mostrou.

Geraldo não podia acreditar no que ouvia. Então todo o colégio sabia que era ele o autor dos bilhetes? Então todo mundo ficava lendo aquilo que ele escrevia com a alma exposta, com o coração ferido e suplicante, com o amor mais puro que alguém já tivera neste mundo? Mas, mas... Todo o universo pareceu a residência da Injustiça e da Incompreensão, não havia mais nada neste mundo, nem mesmo o melhor amigo, que, indiferente e alegre, batia numa barrinha de ferro, pouco antes de sair com a namorada, Maria da Graça. Então era assim, não era? Então todo mundo sabia de alguma coisa de que ele não sabia, todo o mundo era uma conspiração, um complô? E até mesmo o melhor amigo, aquele com quem conversava as coisas mais íntimas e pessoais, também aquele pertencia ao lado dos "outros" — eles, eles, sempre eles, os que sabiam tudo e faziam tudo.

Geraldo viu Pandonar, na sua tenda de combate, exalando o último suspiro entre seus guerreiros mongóis.

— Aproxime-se, Al-Glabur — sussurrou Pandonar a seu braço direito, seu mais fiel auxiliar, que, com o ar compungido e a face refletindo imensa tristeza, curvou-se diante de seu chefe moribundo.

— Sim — murmurou Al-Glabur, enquanto os outros grandes chefes faziam um silêncio opresso.

— Al-Glabur — esforçou-se Pandonar em falar, levantando penosamente a cabeça. — Você... você... por favor, não faça nada contra ela. Ela... ela... não tem culpa. Por favor, meu bravo amigo Al-Glabur, lembre-se... lembre-se de nossas caçadas pelo... aaaai!... pelo campo, quando éramos mais felizes, antes de termos tido de combater o feroz Carvaleone. Eu agora... agora... aaaai... agora vou morrer e...

— Não! — interrompeu o valente Al-Glabur, seu rosto endurecido nas batalhas agora ensombreado pela tristeza de ver o grande chefe juntar-se aos ancestrais na imensa estepe do Infinito. — Não, Pandonar! Não, você não vai morrer! O Grande Vizir disse que, quando a lua se esconder por trás das nuvens, o bálsamo da vida chegará. Não desanime, grande Condutor de Povos, Chefe da Mafoma, Rei dos Hunos, Flagelo dos Romanos, Arauto da Liberdade. Você não vai morrer.

Pandonar sorriu fracamente.

— Meu bom Al-Glabur — conseguiu falar. — Meu bom e estimado Al-Glabur, meu fiel amigo. Você... aaaai... você me promete que vai protegê-la contra a sanha do maldito Carvaleone?

— Mas ela, senhor, não merece.

— Sim, Al-Glabur, eu sei o que você pensa. Mas nós que vamos morrer...

— Não!

— Sim, sim, Al-Glabur. Sim, não adianta lutar contra as forças do Destino Malévolo, que agora fecha suas mãos de ferro sobre o meu peito. Nós... nós... nós que vamos morrer sabemos que o mundo não é tão simples. Eu sei que ela...

Em meio a grande tumulto e gritos de "para trás! para trás!", a cortina que encobria a grande tenda se abre e, perseguida pelas sentinelas, Maria Helena, desesperada e em prantos, aproxima-se do moribundo.

— Que é que você quer aqui? — gritou o intrépido Al-Glabur. — Já não basta haver levado este grande homem à ruína, já não basta, com a sua perfidez, haver destruído o Império dos Filhos de Sol-Ar-An-El? Deixe que ele fique em paz, não queira mais uma vez espalhar a peçonha de sua malvadeza sobre aquele que nunca foi vencido, a não ser pelos deuses do Olimpo!

— Não, não, Al-Glabur — interrompeu suavemente Pandonar. — Deixe que ela venha.

— Oh, como pude, como pude? — disse ela, com os olhos marejados de lágrimas e abraçando o pescoço de Pandonar. — Como pude ser tão insensata, tão tola, tão insensível? Oh Deus, se mil mortes houvera, se mil suplícios caíssem do céu, ainda seriam poucos para redimir o meu crime!

— Não fale assim, mulher — disse Pandonar. — Todos nós cometemos erros.

— Sim, mas os meus! Os meus são grandes demais!

— Sim, mulher, eu sei. Mas isso é natural. Você sempre confundiu... aaaai... confundiu o verdadeiro amor com outras coisas. Não se deixe abater. Afinal de contas, você não tinha obrigação de me amar.

— Mas eu amo, eu amo você! Eu amo você mais do que tudo na vida, não posso viver um minuto sem você, quero abraçar você, oh meu Deus, como pude ser tão tola?

— Não, você não me ama.

— Sim, amo! Sim, sim, mais do que minha própria vida!

— Não acredito — disse Pandonar e, com um último suspiro, virou a cabeça para o lado e morreu.

— Não! Não! Não! — gritou Maria Helena, desesperada, pois agora compreendia perfeitamente a extensão de sua insensatez.

Mas era tarde, porque Pandonar não mais vivia e as hordas de Carvaleone já faziam surgir suas cabeças por trás dos montes. O ataque era iminente. E, embora Pandonar houvesse morrido, partira com a convicção de que seus amigos e comandados fariam uma muralha de corpos em torno da ingrata Maria Helena, lutando inutilmente contra as forças superiores do inimigo. E, quando o último dos leais defensores houvesse deixado este mundo, depois de liquidar dezenas de inimigos, ela ficaria à mercê do Bo-Balune, o degenerado filho de Carvaleone, que por acaso tinha a mesma cara que Renatão. Sobre os cadáveres dos fiéis amigos de Pandonar, ele agora capturava a bela princesa e lhe dava um beijo entre os pedaços de cebola que lhe pendiam dos feios e fedorentos bigodes. Ela agora seria escrava do harém de Bo-Balune e, pelo resto de seus dias, estaria sempre ameaçada de que Bo-Balune viesse, cuspindo vinho pelos cantos da boca e cheirando a bodes e cavalos, e a arrastasse à sua tenda, para um destino pior do que a morte.

Geraldo olhou firme para Roquetão.

— Você não me falou nada sobre estar namorando com Maria da Graça — disse finalmente.

— Você também não me disse nada sobre os bilhetes para Maria Helena.

— Mas é diferente. Você tinha dito que ia escrever uma carta para Ana Clara e eu pensei que também podia escrever uma carta para Maria Helena. Aí eu escrevi e me dei mal.

— Mas eu não aconselhei você a escrever uma carta para Maria Helena.

— Mas foi como se tivesse aconselhado!

— Isso diz você! Isso diz você! Mas, se você quiser, eu peço a Maria da Graça para falar com ela.

— Não — disse Geraldo, com grande dignidade e a certeza de que, neste mundo, quem gostava dele era ele mesmo. — Não fui eu nem quem escreveu aqueles bilhetes.

— Por que você não namora com Márcia? — perguntou Roquetão. — Ela disse que acha você muito simpático.

Cortado pela dor e pela decepção, Geraldo não respondeu. Olhou Roquetão, ainda preocupado com a barra de ferro, se sentiu muito distante de tudo e de todos e conseguiu falar: vou ali na cantina. Bom proveito, disse Roquetão amistosamente, e Geraldo foi à cantina, se achando mais só do que qualquer pessoa jamais se achara só. E não foi para a cantina, mas para a biblioteca, onde, passando os olhos pelas grandes lombadas verdes e vermelhas dos livros encadernados, percebendo o sino do recreio pendurado junto à janela, ouvindo a gritaria do recreio, tendo a esperança de que pelo menos Deus fosse testemunha de tanta traição do destino e da vida, escreveu, em boa letra de imprensa e modificando a maneira de grafar o g.

Mas, quando, em meio a um silêncio inusitado àquela hora, chegando, como costumava chegar, no meio dos intervalos das aulas, foi levantar o apagador e novamente não achou nada, saíram quatro ou cinco caras de trás da porta grande da sala e começaram a gritar:

— Apagador, apagador!

— Vocês estavam aí? — perguntou Geraldo, na falta de algo melhor a dizer.

— Apagador, apagador, o apagador do amor! — cantou o pessoal.

— Eu só levantei o apagador, assim como quem arranca uma folha de árvore quando vai passando — disse Geraldo.

— Apagador, apagador! — cantaram os outros, entre os quais, felizmente, não estava Roquetão.

Mas não havia resposta alguma debaixo do apagador e, daquele dia em diante, Geraldo ficou conhecido como Geraldo Apagador.

MARIA HELENA:

Hoje já não sei se você é querida. Sim, é querida, mas você mostrou os bilhetes que lhe escrevi a todos os alunos do colégio. Você zombou. Você não soube entender o meu amor, que não é como o amor de certos outros que só querem se aproveitar de sua inocência. Você acusou geraldo martins da conceição, nosso colega, de ser o autor dos bilhetes. Por que geraldo? Por quê? As coisas não são tão simples assim. Só porque geraldo é nosso colega mais inteligente, o que sabe mais escrever, o que tem mais futuro em toda a nossa classe? Por quê? Eu sei que você me ama. Por que negar? Por que evitar tudo aquilo que só nos traz felicidade? Minha querida Leninha, se você não sabe o que é o amor, você precisa conversar comigo. Não seja teimosa, deixe uma resposta embaixo do apagador. Basta uma palavra: sim. E então nós poderemos conversar, você é uma bobinha, não conhece a vida, mas comigo pode botar sua cabecinha no meu ombro e nós vamos ser felizes, você não acredita que nós vamos ser felizes. Eu lhe perdoo.

Com um beijo do seu grande amor.

P.S. - ESPERO SUA RESPOSTA.

QUALIS FENIX,
EL PANDONAR
APAGATORIUS SURGIT
DES CINZS

O PIOR DE TUDO É QUE, QUANDO DAVA POR CONTA, ESTAVA DE NOVO COM A mão no queixo, todo virado para trás, olhando para ela. Normalmente, tentaria o Controle pela Auto-Hipnose do Professor Reiszman, mas não conseguia ficar repetindo relaaaxe-relaaaxe-relaaaaxe e, além de tudo, estava começando a detestar aquele negócio de hipnose e magnetismo e não sabia mais o quê. O próprio dicionário de Voldegrado, que já estava na letra M, foi abandonado. Por ironia, exatamente na palavra Mogliesc, que significava mulher. Por ironia ainda mais cruel, era a letra do nome dela.

E será que ela também sabia do telefonema?

Será que tinha adivinhado? Será que todo mundo já sabia e os olhares de todos eram miradas de escárnio e desdém? Será que realmente entrar para um convento e, na obscuridade da vida enclausurada, talvez como irmão padeiro, talvez irmão jardineiro, esquecer o mundo e por ele ser esquecido era uma solução? Nem ao menos havia uma guerra para que se alistasse, nem ao menos tinha idade para alistar-se. Não ousava perguntar nem a Roquetão — que, por sinal, agora tinha resolvido casar com Maria da Graça —, não porque, afinal, duvidasse de que ele soubesse, mas porque não suportaria ouvir que todos sabiam do telefonema.

É claro que a culpa do telefonema tinha sido das malditas pérolas do bom pensar, porque, enquanto ele estava deitado na poltrona na hora de estudar, sem conseguir nem mexer um músculo, quanto mais abrir um livro, as desgraçadas das pérolas se encontravam ali mesmo, o que é pior, abertas à toa. "Vai, vai!" dizia a primeira pérola em que ele botou o olho. "Segue agora teu impulso, pois a vida é breve e somente nos arrependemos daquilo que não fizemos, quando se nos ofereceu a oportunidade."

— É isso mesmo — disse Geraldo, que não continuava ouvindo "Maria Helena és tu" porque não aguentava mais de tanto chorar e já estava com cãibra no queixo, mas, sim, *Moonlight Serenade*, que também fazia com que ele chorasse, só que menos.

E então, com o coração batendo e as mãos trêmulas, procurou no catálogo o número do telefone do pai dela. Quase não conseguiu enfiar os dedos nos buraquinhos do disco. Mas discou, e o coração explodiu, quando ouviu aquele barulhinho da ligação sendo completada e o telefone tocando do outro lado.

Tocava. Tocava. Pronto, pensou Geraldo, pronto, não tem ninguém em casa, vou desligar. Mas o livro das pérolas estava no colo dele: vai! vai! E, de qualquer forma, não teve tempo para pensar mais nada, porque atenderam do outro lado. Uma voz de mulher! A voz dela? A voz da mãe dela? Oh, quanto sofre uma criatura num momento destes, que não dura nada, mas se estende por mais tempo do que qualquer um pode suportar! Sim, por que não tinha pigarreado antes, para fazer

uma voz mais grossa? Por que não tinha ensaiado antes o que dizer? Ai meu Deus, será ela ou a mãe dela?

— Um momento — conseguiu Geraldo dizer, com a voz mais grossa que podia fazer.

E então, desesperado, olhando em torno das estantes do pai como um demente, puxou o fone e o encostou no alto-falante da radiola, que estava justamente solando o tema principal de *Moonlight Serenade*. Segurou o fone, suando como um chuveiro, até a música acabar. E então teve a coragem de pegar o fone e perguntar à voz (seria ela?) do outro lado:

— Ouviu?

— Ouvi — disse a voz.

— Esta é uma das muitas gravações modernas, pelos melhores intérpretes, a sua disposição nas Lojas Radiofon — disse Geraldo. Clique.

Sim, mas ele havia tentado. Não podia imaginar que, na hora, a coisa ficasse difícil. E agora? Bem que ele tinha tentado fazer uma voz igual à do locutor que dizia o anúncio no rádio. Não era possível que eles soubessem, não era possível!

Mas também não era possível que não houvesse alguém neste mundo em quem não se pudesse confiar. E, apesar de as relações entre ele e Roquetão andarem estremecidas, mais por causa dele do que por causa de Roquetão, o caso exigia uma reaproximação.

— Roquetão, tudo bem?

— Tudo bem. Tudo bem com você? Você nunca mais chegou aqui perto da escada.

— Ah, é porque eu ando fazendo umas pesquisas na biblioteca.

— E você está chateado com o caso de Maria Helena, não está?

— Estou, estou. Estou. Estou, estou, estou, estou! Caso de Maria Helena? Que caso de Maria Helena?

— O caso dos bilhetes. O caso dos bilhetes que ela mostrava a todo mundo. O caso do apagador.

— Você não me chame de Apagador.

— E quando você me chamava de maluco?

— Sim, mas por que você perguntou se eu estava chateado com o caso de Maria Helena? Já faz tempo tudo isso, já faz muito tempo e, além disso, não fui eu quem escreveu aqueles bilhetes. Nem escrevo bilhetes, nem telefono. Aliás, como vai Maria da Graça?

— Vai bem. Eu acho que vai bem.

— Como você acha que vai bem? Você não é mais namorado dela?

— Sou, sou. Nós somos namorados. Mas é porque ela se aborreceu, quando eu falei que era namorado dela mas ia casar com Ana Clara. E nós tínhamos combinado isso!

— E o que foi que ela disse?

— Ela não disse nada. Ela fez uma cara assim toda pregueada e depois saiu correndo. E, desde esse dia, toda vez que eu falo com ela, ela faz a mesma cara e sai correndo. Mas ela para no meio do caminho. Eu acho que ela quer que eu vá lá falar com ela, mas eu ainda não acertei. Mas eu acerto. Eu vou telefonar para ela. Só não telefonei ainda pelo mesmo motivo que você.

— Que mesmo motivo?

— O mesmo motivo. Você telefonou para a casa de Maria Helena e aí a empregada atendeu e você tocou um disco e depois falou nas Lojas Radiolar.

— Radiofon!

— Então, Radiofon. Você falou nas Lojas Radiofon e...

— Quem disse que fui eu?

— Todo mundo. Todo mundo disse. A empregada disse a Maria Helena, e Maria Helena, disse a todo mundo.

— E quem disse à empregada de Maria Helena, que era eu?

— Maria Helena. Maria Helena disse que, se alguém telefonasse sem querer dizer quem era, era você. Todo mundo sabe. Então eu não telefono para a casa de Maria da Graça porque fico com medo de que a empregada atenda e o pai dela não deixe que ela namore e talvez a empregada conte e tudo pode correr mal.

E foi assim que Pandonar, decidido a nunca mais levar mulher alguma a sério, acompanhou a irmã ao baile da Garota Primavera, na Associação. Acompanhou a irmã, sim, porque, afinal, era irmão e porque, principalmente, o pai dizia que era obrigação e o pai não costumava discutir essas coisas. Sim, estava ali com uma pistola no bolso, estava ali disposto a, numa rodada de pôquer, jogar a própria vida. Na mesa que o pai havia comprado para ele, cheia daquelas meninas feias amigas da irmã, não se podia servir álcool. Pandonar, contudo, já tinha tomado, sem gelo, quatro doses de uísque. Geraldo disse às moças, como se estivesse falando uma coisa muito natural, que ia sair para tomar um drinque. Pandonar olhou o salão, pondo os polegares por dentro do cinto. Geraldo parou na frente do bar, esperando que ninguém o visse, porque não só não tinha coragem de beber, como não tinha dinheiro para pagar, mesmo porque o pai, que estava ainda trabalhando, não havia chegado. Pandonar pensou em que mulher boba era a princesa Maria Helena. Geraldo olhou em volta e se sentiu desamparado. Pandonar fez um gesto de cabeça e uma das mulheres mais lindas da festa se levantou, para dançar com ele uma valsa, no salão que todos os outros bailarinos deixaram deserto. Geraldo pensou em como era que se dançava bolero, que não sabia dançar bolero nem qualquer outra coisa, que não ia dançar nada. Pandonar estendeu o braço e nele caiu uma

figura, mas não era a figura de Maria Helena, era simplesmente uma figura, uma coisa dançante. Geraldo olhou para a frente e viu Maria da Graça.

— Como vai? — disse ele.

— Vou bem. Como vai você? — disse ela.

— Vou bem. Como vai seu namorado?

— Que namorado?

— Que namorado? Roquetão!

— Ah, Roquetão não é meu namorado. E não veio para a festa.

— Ah, eu pensei que era.

— Ele vai casar com Ana Clara.

— Ele me disse. Ele disse que você tinha ficado chateada porque ele disse que ia casar com Ana Clara.

— Ah, eu não.

E já Geraldo ia ficar sem saber que cara fazer, porque não sabia mais o que conversar, quando uma das Mestras de Animação, uma daquelas velhas que viviam mandando todo mundo dançar e que eram o terror de todo mundo, chegou por trás, sem ser percebida.

— E vocês dois, o que estão fazendo aí parados? — disse ela.

E então chegou até mesmo a levantar o braço de Geraldo, para que ele levasse Maria da Graça à pista de dança. Eu não sei dançar, disse Geraldo, não tão aterrorizado quanto antecipara. Eu também não, disse Maria da Graça.

Pandonar enlaçou a cintura da moça e rodopiou pelo salão como um verdadeiro dínamo. Um sorriso cruel lhe aflorou aos lábios, enquanto pensava em todas as mulheres preteridas, agora apreciando invejosamente sua dança. Logo depois daquele baile de gala, a tropa dos cossacos atacaria e então todos saberiam que aquele aristocrata era, na realidade, Pandonar, o Príncipe da Sibéria!

— Maria da Graça — disse Geraldo, sem acreditar no que estava ouvindo e sem nem pensar no próximo passo do bolero —, você sabe que eu estou apaixonado por você?

FIM

1ª edição	JANEIRO 2010
impressão	LIS GRÁFICA
papel de miolo	OFFSET 120GR
papel de capa	CARTÃO SUPREMO 250GR
tipologia	SCALA